파도의 약속

이 도서의 국립중앙도서관 출판예정도서목록(CIP)은 서지정보유통지원시스템
홈페이지(http://seoji.nl.go.kr)와 국가자료공동목록시스템(http://www.nl.go.kr/kolisnet)에서
이용하실 수 있습니다. (CIP제어번호 : CIP2017005870)

파도의 약속

초판 1쇄 발행 2017년 3월 27일

지은이 이원문 **펴낸이** 임정일
책임 임병천 **편집** 김지해, 김수경 **디자인** 이동헌

펴낸곳 책나무출판사
출판신고 2004년 4월 22일(제318-00034)

주소 서울시 영등포구 신길3동 325-70 3F
전화 02-338-1228 **팩스** 0505-866-8254
홈페이지 www.booktree.info

ISBN 978-89-6339-529-6 03810

이원문
제49집

파도의 약속

이원문 지음

책나무

| 차례 |

제2부

제3부

제1부

등대의 일기

누구의 흔적이 여기에 남을까

멀리 바위섬 갈매기 날으고

소라 조개껍데기 파도에 묻힌다

등대의 밤이면 어둠이 묻는 밤

쏟아진 별 그 흔적 어디에 숨었나

철썩이는 파도 소리 그 흔적 찾는다

콩밭

휘어진 이 콩밭 이랑
끝이 어디인가
등어리에 흐르는 땀
아래로 흐르고
뽑은 풀 바라보면
뽑을 풀이 더 많다

적삼에 젖는 땀
바람이라도 불련만
아니 부는 바람
이 콩밭인들 어찌할까
흙 섞여 흐른 땀 눈으로 흐르고
콩잎에 뺨 쓸리니 세월이 얽는다

수의(壽衣)

평생을 감아온 눈
마지막 감는 날
한걸음 더 내딛어
하늘 한 번 더 보리라

이것도 저것도
나의 것이 아님을
이 자리에 머물러
무엇을 바랐는가

눈에 넣을 흙 한 줌에
귀 기울여 담은 소리
그 소리 흘리고
눈 안의 것도 지우리라

매미의 언덕

너의 울음에 오는 가을
어디에 숨었나
가을맞이 귀뚜라미
어느새 와 있는데

짧은 것이 세월이고
긴 것이 시간인가
해 기울 듯 기운 여름
얼마나 남았나

짧아도 길어도
떠나야 하는 날
이 언덕 너의 울음
며칠이나 들릴까

숨는 여름

조용히 찾아보는 적막의 논 기슭
도랑물 쪼르르 논으로 흘러든다
한낮 뜨거워 들어가지 못한 논일까
해 기울어 저녁 무렵 바람 불어 시원하고
들어서 뽑는 피에 얼굴이 쓸린다

걷어붙인 팔은 아니 쓸리겠는가
다리에 붙은 거머리 피 빨아대고
털어도 어느새 또 달라붙는다
이제 한 번 다녀가면 언제 다시 오려나
말복에 저문 여름 하루가 저문다

별자리

누워 보면
눈으로 쏟아지고
일어나 올려보면
쏟아진 별 멀어진다

옛 하늘 어느 별이
나에게 다가올까

북두칠성 가까이
은하수 멀어지고
밤하늘 그리움
은하수 따라간다

저무는 운명

이제 닫어 가야 하나
하루해 저물어 노을 져가고
오르는 고갯마루
바람 불어 시원하다
저 보이는 들녘이
나 어릴 적 뛰었던 곳인가

반딧불에 메뚜기 따라
주인 집 아이와 놀던 곳이고
접어야 할 머슴살이에
짊어진 쌀 한 말
이 쌀 한 말을 어느 곳에 풀을까
멀리 외딴 주막 호롱불 가물댄다

구름의 바다

넘어야 할 산 없고
건너갈 강 없다

섬 지나면 그 다음 섬
뱃길 따라가야 하나

등대불의 밤이어도
부르는 이 없다

여름의 양지

양지가 뜨거워
그늘 찾아들어 서니
무더운 그늘 바람도 없다

부채질도 소용없고
냉수 한 모금도 그때뿐
벗자니 부끄러워 벗을 수도 없다

밤이 오면 서늘할까
어둠의 그늘도 무더워 못 잔다
아쉬움 반 가는 여름 가을이 언제 오나

빨간 여름

봉숭아꽃 빨갛듯
사람도 빨갛다
눈도 귀도 빨갛고
햇볕에 뜨거워
살갗도 빨갛다

밤이어도 빨갛다
한 잔 술에 뜨거워
온몸이 다 빨갛다
내일의 그날도
모두가 빨갛다

고향의 말복

아침저녁으로 선선하니
덥다던 이 여름이 물러선 것일까
풀 이파리 다르니 마음이 무겁다
이제 하나 둘씩 거둬야 하는 계절

참깨부터 베어 묶어 말려야 하고
배추 무 밭 풀 뽑으며 솎아줘야 한다
매미 울음의 끝자락 원두막 쉼터
가는 여름 아쉬움에 낮잠이 온다

하얀 미련

몇 번을 휩쓸려 하얀 날이 되었나

파도만이 아는 기억 백사장에 묻히고

설레임의 처음도 그날의 흔적도

물거품 모르게 오늘도 묻힌다

소라의 노을

잊은 이름도 아니고

잃은 모습도 아니다

파도가 휩쓰는 쓸쓸한 그날

큰 섬 작은 섬 노을 져 간다

아가의 바다

모래 뭍 기다림
백사장에 묻던 날
섬 아가의 바다는
그렇게 저물었다

돌아가 찾아보는
섬 아가의 그리움이었나
그 모래성 무너지고
두꺼비집 휩쓸리고

파도가 쓸어주는
갯바위의 슬픔인 듯
지워진 그 옛날
오늘도 노을진다

이름 없는 밤

불러볼 이름 없고
찾아야 할 사랑 없다
하루해 저물어 밤은 오는데
이 긴긴밤 짧은 밤이
언제 찾아올 것인가

불러줄 사람 없고
나 아는 이 아무도 없다
그리워 찾는 사랑 이 밤은 아는지
연속의 외로움 달빛에 젖는 밤
비라도 내리면 밤비에 젖고 싶다

팔월

팔월에 들어 있는 말복에 입추 처서라
절기에 몰린 여름 떠나긴 떠나도
아직 남은 꼬리 자르지 못하는지
지금도 달궈가며 땀 흘리게 만드는데
기러기 산 넘으면 어떻게 하려나

매미 울음 띄워도 떠나야 하고
우물 둥치에 숨어도 두레박이 쫓는데
이제 꼬리 자르고 문밖 나서면
달빛에 수수목이 숙여지겠지
메뚜기 떼 이 논 저 논 넘나들 것이고

가을의 여름

그렇게 무더위로 잠 못 들게 하더니
떠날 때는 심술궂게 할퀴고 떠난다
큰 바람 불러 뒤집어 엎어놓고
장대비 모아 쓸어내리더니
끝내는 구름 거둬 가뭄으로 말린다

그래도 가을은 보고만 있어야 했는지
제풀에 지쳐 그냥 떠나는 모습에
단 하루가 다르고 사흘이 다르다
가을이 보낸 바람 댑싸리 밑에 숨었고
이제 아침저녁으로 서늘하겠지

기후의 심술(2016 . 8 . 12)

변한다 하는 것이 강산뿐인가
기후도 강산 따라 변할 줄이야
2016 . 7 월 중순 ~ 2016 .8 월 12 현재까지
평생 못 보았던 바뀐 기후를 보았다
전국이 영상 34 35 36 37 38 39도이더니
2016 . 8 . 12 (금) 경북 경산 하양읍 동네에
영상 40도 하고도 조금 더 올랐다
알 수 없는 기후 내년에도 아니 계속 그럴 것인가
영하의 날씨에 눈 안 내린다는 법도 없고
무더위가 아니라 무서운 날씨
식량 안보 전염병에 걱정이 된다

팔월 들녘

뜨거운 여름
무덥고 뜨거워도
자라나는 곡식들은
제 할 몫을 다하고 있었다

어느 들녘이 안 뜨겁다 할까
인적 없는 뜨거운 들녘
시들어도 저녁이면 다시 펴지겠지
사발의 고봉 쌀밥을 위해

작은 씨앗

찾아 가는 때 맞이의 조바심인가
세월이 보내는 가르침인가
복중에 맺은 씨앗 무더위에 영글리고
아직 우는 매미 울음에 절기를 읽는다

제2부

호박잎

뜨거워 늘어지다
펴지는 호박잎
저녁 무렵 서늘함을
어떻게 잘 아는지

약 오른 풋고추
애호박 바라보고
부엌 나온 할머니
장독대에 가신다

뜨락의 가을

뜨겁던 뜨락 이슬 내리고
귀뚜라미 밤새워
가을 깊어라 한다

초가의 둥근 박
달맞이의 밤
귀뚜라미 밤새워
자장가 부르는 밤

살짝이 다가서면
울음소리 멈추고
숨죽여 들으면 다시 울어댄다

외로운 섬

우리의 땅
독도를 아십니까
몇 번을 찾아본
우리 독도였나요

누구네 땅이든
관심은 있었나요
이제 와 우리의 땅이라
말할 수 있고요

때만 되면 입과 글로
관심 있어 찾는 땅
그 애국심 노는 날
어디에 있었나요

사발의 밤

보릿고개의 저녁 무렵
담 넘어온 사발 소리
이웃집 옆 우리 집은
어느 때나 들릴까

테두리 부딪치며
비벼대는 소리
뚝배기 긁으며
찌개 뜨는 소리

할머니의 밥 먹어라
친구 부르는 소리
모자라니 더 퍼와라
친구 엄마 부르는 소리

김치죽 한 그릇으로
그 소리에 배고팠던 날
안 오는 잠 참아가며
그렇게 잠들었다

텃밭의 가을

울타리 밖 붉은 고추
주렁주렁 열리고
그 세월의 옥수수
누렁잎 진다

아직은 여름인 듯
장아찌의 파란 들깻잎
탐스러운 가지마다
커다라니 매달리고

파란 열무 밭
숨어 있는 애호박
붉으댕이 큰 호박은
가을을 아는지

마디 없는 파 잎
파 벌레 줄 긋고
무 배추 무럭무럭
하루가 다르다

바람의 가을

쥔 부채의 부채 바람일까
살짝이 풀 이파리 흔들리는 듯
부채질에 섞인 바람
느낌으로 시원하다

흐르는 땀 옷에 젖어
살에서 떼어내면
부채의 한몫에 그것도 시원하다
오는 가을 어디쯤서 쉬지나 않는지

가는 여름 오는 가을
이 그늘이 길목인가
부채에 숨은 여름
쥔 부채 접자 한다

여름 생각

먼 기억의 나 자란 곳
매미 울음에 멀어지고
뜨락에 핀 봉숭아꽃
바랜 모습에 외롭다

물 끼얹던 우물 둥치
두레박에 꿈 담던 날
뜨락 까막 개미는
무엇이 그리 바쁜지

마루 끝 우리 누나
봉숭아꽃 모으고
보리짚의 저녁연기
노을 따라 멀어진다

여름 새벽

샛문 밖 아침거리 파 고추 따노라면
총총한 별 어느새 자취를 감추고
훤한 새벽 호박꽃 아침을 기다린다

울타리에 오른 보라색 나팔꽃
해 뜨면 이 모두 그 모습이 아닐 것을
이슬 앉혀 피는 꽃들 저녁이면 펴지려나

다음의 내일이 기다려 주건만
참지 못해 저녁 무렵 지지나 않는지
그 잠깐 피는 꽃 이른 아침 밝아온다

늦여름

보이는 것 힘없고
보는 마음 시든다

이제 그 덥다던
여름이 아닌지

아직은 더워도
무엇인가 다르다

피는 꽃에 맺힌 씨앗
흐르는 개울물

끼얹는 우물물도
바람 따라 다르고

귀뚜라미 어느새
뜨락에서 노래한다

할머니의 하늘

벗어놓은 베적삼
땀 마르니 가을인가
서늘하여 하늘 보니
옛 마음 모아진다

봄 하늘에 꿈 묻어
이 집에 오던 날
그 찔레꽃 남겨두고
저 구름 따라 왔지

이제 저 구름도
흩어지는구나
남의 집에 보낸 아이
잘하고 잘 사는지

가을 구름

들녘의 쉼터
하늘 높아지는 날
그 여름 뭉게구름
모두 흩어지겠지
수수 밭 지날 적에
더 높이 흩어지고

허수아비 잠드는
메뚜기의 들녘
메뚜기와 함께 뛰면
메뚜기도 바라볼까
깡통 두드리며
함께 보고 싶어라

계절의 일기

그렇게 왔다

힘없이 가는 것을

춥고 더웠던 날

묻어간 것이 무엇인가

꽃 피는 봄날에

서리 앉는 가을날

끝은 묻어갈 것이

껍데기가 아닌가

봉숭아의 꽈리

우리 언니는
울 밑에 절로 자란
꽈리 한 포기에 관심이 많았다

몇 개 따 싸리비 꼬챙이로
호호 불며 씨를 빼더니
마루 끝에 앉자 꽈륵꽈륵 불었다

이년아 듣기 싫다
일이나 해라 하는 할머니의 야단에
입이 한 발 나와 몰래 숨어 불었다

인연의 추억

인연이 닿을까
찾았던 바다
뭉게구름 멀리
파도 소리 쓸쓸하고
바위섬 갈매기
파도 따라 들어온다

혼자만의 추억일까
나의 이름은 어디에
인연의 이름은 무엇이 될까
예쁘게 써 다시 보는 이름
이 백사장의 하얀 인연
파도에 휩쓸렸다

가을밤

지붕 위 둥근 박은
초가의 꿈이었나
우물 안 보름달
두레박에 담기고
뜨락에 귀뚜라미
계수나무 찾는다

마루 끝에 나와 앉아
달빛에 담그는 발
보름달 쓸쓸히
달빛 거둬 지붕 넘고
은하수 북두칠성
귀뚜라미 찾는다

수수 밭

보름달 한 아름

수수 밭 위 떠오르면

지나는 길 수수 잎

이슬에 젖어들고

채이는 이슬 싫어

머물러 올려보면

달 안의 어머니

품에 안는다

훗날

저녁 하늘 뉘엿뉘엿
서산에 해 넘고
흑 구름 띠 멀리
노을에 물든다

아직 이른 노을의
기다림인가
물드는 구름 띠
노을에 젖어들고

먼 서산 위
노을 진 세상
기러기 노을 따라
멀어져 간다

열두 시간의 계절(2016 . 8 . 26)

그 덥다던 여름이
하룻밤 새 물러가고
가을이 찾아 와
새벽 문 두드린다

가고 오고 열두 시간
사람만이 모르고 그렇게 덥다 했나
며칠 전 귀뚜라미
무더워도 울었고

맺힌 씨앗 풀숲에서
그 씨앗 영글었다
이렇게 빠른 것이
시간이고 세월인데

안 가고 못 올 것처럼
그 아우성에 야단법석
모두들 얼마나 뜨겁다 했나
그래도 계절은 찾아오고 떠난다

가을 사랑

낙엽 한 장 주워들면
무엇인가 잊혀지고
하늘 높이 새털구름
그 마음 빼앗는다

무엇을 잊었는지
빼앗겼는지
가을 더 깊어 가면
억새꽃은 알려나

흘러간 옛날
잃어버린 얼굴
그 하나 미소에
뒤돌아본다

친구의 가을

친구야
너와 나의 가을 어떠했니
그 가을 오늘도 너를 기다리는데
너는 어떻게 멀어져만 가는지
보름달 안 네 모습에 눈시울이 뜨겁구나
수수 콩밭 지날 적에 수수 잎 비벼지는 소리
그 소리가 이제야 귀에 담겨져
참새 쫓는 깡통 소리 홀태의 총소리
뭇들은 메뚜기 떼 우리 기다리지 않는지
깜부기 담배 장난에 즐거웠던 너와 나
보름달 안 너를 기다리며 나 이 뜨락에 나와 있어
귀뚜라미에게 너의 소식 전해 들으려고…

제3부

가을 하늘

높고 파란 하늘에 그려진 그림들
한곳에 알 수 없는 그리움이 그려 있다
고기비늘 목화 밭 새 날개의 깃털까지
누구의 솜씨가 저리 아름다울까

상상에 맞춰 그려지는 그림들
이리 보면 이런 그림
저리 보면 저런 그림
열린 바닷길에 섬도 그려있다

가을 길

쓸쓸한 가을
가을은 언제나 껍데기 마음인가
모두가 시들어 늘어지고 떨어지고
저무는 인생 여름이 그립다
봄날은 그래도 여름이 있었는데
가을은 추워야 할 겨울뿐이어야 했나
건너뛰지 못하고 가야 할 길이라면
덮인 눈에 얼어붙어 어디로 가야 하나
끝을 알면서 나는 아니 될 것처럼
이 껍데기 등에 얹고 쥔 것이 무엇인가
채워도 부족하고 넣어도 모자랐던 날
초목도 그렇게 모자라고 부족했나
매달린 씨앗에서 삶을 배우고
떨어지는 낙엽에서 인생을 배운다

장승배기

평생 이곳을 거쳐야 하는 길

어귀에 눈물도 있고 웃음도 있었다

쌍가마 속에는 근심 걱정이 없겠나

하늘의 흰 구름 철새도 머무는 길

쌍가마에 실려와 꽃가마로 나가는 길

이 길을 거쳐야 하룻밤 꿈이 되고

베옷에 묻은 때 매듭 못 진 일곱 번

늘려 끌고 온 정 땅속에 묻는다

그 가을

휘이 휘이
메뚜기 참새 떼 들녘에 수놓던 날
우리 엄마 깻단 털면 깻 마중 가고
가는 길 메뚜기와 눈 마주치면
메뚜기 벼 잎새 뒤로 살짝 돌아 숨었다

가기 싫어 가는 길 하늘 올려 보면
지게 멜빵 한쪽 빠져 지게 땅에 끌리고
하늘에 새털구름 하늘 더 높아라
풋 목화 따 입에 물고 수수 밭 지난다

가을 흐림

바람 쓸쓸히
하늘 낮아지고
더러는 먹구름에
비올 듯 울적하다

길거리 오가는 이
옷 여미는 모습
퇴색된 나뭇잎
제 색 잃고 뒤집힌 모습

가을꽃도 지는 듯
반쪽짜리에 낙화 되니
이렇게 가는 가을
며칠의 단풍일까

왠지 모를 흐린 마음
쥔 찻잔에 넣고 싶고
손에 든 먼 옛날
눈 밖에 내놓고 싶다

가을 장독

왼새끼 꼬아 두른 장독 고추 매달고
참숯 넣어 뚜껑 덮으니
아주까리 잠든다

한쪽에 된장 옆 항아리에 고추장
짱아찌 항아리 간장독에 가려 있고
엎어진 항아리 어머니 손길 기다린다

맨드라미 분꽃 꿈 모으는 땅속의 난
담 밑 양지 장독대의 가을인가
손때 묻은 받침대 돌에 낙엽 한두 잎 떨어진다

행복의 구름

누가 당신에게 행복이라 했을까요
누가 나에게 행복하다 했을까요
사흘 뒤 흐려지고 무뎌지는 삶
연속의 시간에 깎여져 줄어들고
세월은 그 행복을 훔쳐다 감추지요

시험대에 올려 고통의 추 매달고요
못 견뎌 떨어지면 어떻게 될까요
기다리던 불행이 올가미에 씌워
씌웠으니 끌고 가되 어디로 갈지요
어느 곳으로 끌고 갈지 아무도 몰라요

노을의 바다

노을에 젖는 그날
어제의 그 약속

내일 찾아오면
여기에 있을까

지워야 하나
다음날에 찾을까

돌아서 여미는 옷
머리 헝클어지고
바람 쓸쓸히 발자국 따라온다

구월

아우성에 떠난 여름
그래도 아쉽다
투정에 미움에 해충 많다
얼마나 미워했나
놀이의 즐거움에 웃으며 미워했고
비 안 온다 야단하며 우산 들고 미워했다

이제 떠난 여름 물에 손 담그니 어떠한가
알몸에 끼얹는 물 그래도 여름을 미워할까
문 닫은 여름 아쉬움에 움츠리고
쌀쌀하다 옷 입으니 며칠의 구월일까
더 깊은 가을 시월이면 단풍 들고
가을 문의 구월 첫서리 부른다

외로운 메아리

그날은 꽃잎처럼
시들 듯 흐려지고
그리움 하나에
추억의 꽃 피운다

아련한 모습에
불러 보는 그 이름
나에게 부끄러워
부르다 멈추고

눈으로 부르니
모습만 어린다
이래서 이랬었나
그래서 그랬었나

뉘우침에 불러도
흐려져만 가고
먼 훗날 그날만이
산을 넘는다

맘마의 가을

아가야
이제 무더위 모기 따라 갔으니
부채 내려놓아도 되겠니
스며드는 문바람 시렵기만 하구나

오늘은 양달 벼 베어
그네 놓고 훑을 것이니
엄마 찾지 말고 잘 놀아

그래야 절구에 찧어
쌀 한 됫박 만들지
참깨 단 털어 깨소금은 만들었고

울지 말고 잘 놀아
벼 몇 단 베어 지게에 지고 올게
앞 논 저 멀리 참새 떼 앉는구나

외로운 구름

네 지나온 곳 기억할 수 있겠니
몰고 온 바람은 알 수 있을까
한낮의 산봉우리 어둠에 건너온 강
그것은 달이 있어 알 수 있겠지

봄날에 지나온 산
여름날에 건너온 강
이제 이 가을 수수 밭 지날 적에
달이 뜨면 그 뜬 달 가리지 말고

낮이어도 중천의 해 가리지 마라
벼이삭 줍는 아이 집으로 오는 길에
그 아이 옷 젖으니 비 내리지 말고
네 가는 곳 그곳 가되 뒤돌아보지 마라

인생 골목

철없던 10대
20대는 10대가 보이지 않았고
30대는 20대에 위로가 되었다
40대에 들어서니 30대 간데없고
50에 본 40대 편히 가라 옷 벗긴다

모양새에 입어도 즐거워 웃어도
거울은 왜 달력만 보라 하나
돌아서 본 모습 앞에서 본 모습
거울을 닦아도 그 모습이고
길고 짧으면 더 얼룩진다

60에 돌아보는 희미한 기억의 날
추억도 아니고 보던 꽃도 아니다
그저 운명이기에 모두 모아 지우고 싶다
이제 가야 할 70에 80 나에게 무엇을 어떻게 물어볼까
말 안 듣는 몸에게 미안하기만 하다

조상을 찾아

자라며 본 그대로
내가 살아보니
어른들 하는 일에 이유가 있고 뜻이 있었다

뭐 하나 얻지 못해
힘들었던 날
얻었어도 이렇게 힘들었을까

탓이 아니고 원망이 아니라
너무 힘들었기에 푸념으로 하는 말
나도 내 아이에게 남겨준다는 법 없다

벌초에 풀 깎고 뽑느라 쥔 풀
조상 찾아보는 마음 내 아이도 이렇게 할까
옛 생각 그 마음 뉘우치며 손질한다

가을 수초

바람 쓸쓸히 고인 물 마르고
시간에 고개 숙여 세월을 기다린다
엊그제 그 여름 어디쯤 갔는지
봄과 함께 나온 세상
나의 꽃 어디 갔나

떠난 여름 부르면
가던 길 돌아올까
봄 찾아 떠나면 찾을 수 있을까
덮일 눈이 싫어 돌아보는 세월
마른 잎 하늘에 흰 구름 떠간다

0시의 밤

어두움으로 가린 밤
밝히면 어두워지고
꺼진 불에 눈뜨면
다시 밝아 환해진다

어느 마음의 무슨 생각일까
고무줄 마음에 거울이 되는 밤
늘려도 보고 비춰도 보고
어둠을 밝혀 주는 지난 시간들

거미 꽁무니로 가느라니 풀린다 할까
이런 일 저런 일 못 잊을 추억
힘들었던 날에 아픔의 상처까지
눈시울을 맴돌며 눈썹에 걸친다

바람 소리

누가 머문

어느 자리의 바람일까

눈 흔들고 나더니

마음 흔들고

그 다음 귀 찢어

살을 도린다

가을 모임

흐린 이름에 모습도 흐리고
너 누구 아니니 흐린 모습으로 물어본다
몇십 년이 흘러도 그 버릇 그대로
우리들의 고향 산과 들 너 기억하겠니
지금 말고 옛 우리들이 뛰어놀던 고향

웃어도 웃음 속에 근심이 있는 친구
굳은 표정 펴보려 억지로 웃는 친구
서로가 말 못 하는 눈치의 만남
반가운 부끄러움에 옛이야기 나눈다
다 가버린 시간 잃어버린 시절

가을이 빼앗은 빈 마음의 가을 인생
무엇을 자랑하고 속일 수 있을까
쭉쟁이가 되어 찌그러지고 이그러지고
흰 머리 희긋희긋 며칠 있다 백발일까
밀려온 세월 앞에 술잔을 올린다

아침 읽기

어제 내가 무엇을 하였나
오늘도 어제처럼 무엇을 할 것인가
알 수 없는 하루의 일기
한 컵 물에 담아 한숨과 마신다

문밖 나선 가을 날씨
나 어디로 나서야 하나
일터로 가기보다 길거리에 앉은 마음
그냥 어디로 떠나고 싶다

채우고 넣어야 하는 마음
짊어진 이 짐이 혼자 질 짐인가
그렇게 오늘도 나서는 문밖
일터로 가기보다 어디로 떠나고 싶다

가을

수수 밭 지나
논길로 들어서니
수수 잎 그늘
함께 있자 잡는다

이 적막의 들녘
누가 깨울까
가까이 누릇누릇
벼이삭 고개 숙고

멀리 황금벌판
참새 떼 날아간다
나는 쫓지 않았는데
누가 쫓아 날아가나

제4부

억새 꽃 하늘

기억이 보낸 마음

가슴에 담고

담은 마음 하늘 높이

새털구름에 올린다

누가 이 올린 마음

하늘에서 찾을까

가다 머문 길

억새 꽃 눕는다

여운의 가을

마주친 것도 아니고
스친 모습뿐인데
스치던 그 봄날
이 가을에 찾아든다

돌아보았으면
설레임이라도 있었을 것을
부르기에 멀었던 길
부를 수 없었고

그 상상 하나로
저기요 부르니
뚜렷한 미소로
멈춰서 돌아본다

안개의 강

노 젓는 사공
어디쯤 오르나
이슬 내린 안개 강
그 세월 감춘다

떨어진 저 낙엽은
거스를 수 없는지
낙엽 띄워 흐르는 물
어둠에도 흐를까

걷히는 안개 강
그 세월 드러내고
산허리로 오른 안개
시절의 꽃피운다

타향의 하늘

타향의 이 몸 거짓이었다
삶도 마음도 보는 눈에 한마디까지
나는 모두 거짓이었다
누가 이 몸에 양복을 입혔나
나를 속인 나 거짓이었다

막노동에 실린 짐도
채워놓은 주머니의 것도
웃는 얼굴에 그 기쁨도
모두 거짓이었다
눈물에 섞인 진실 누가 헤아릴까

고향 품에 안겨 흙 묻힐 수 있다면
다시 돌아가 그렇게 살고 싶다
새어나가는 줄 모르고 채웠던 그날들
막아도 새어나가는 것이 주머니 아닌가
그것을 막느라 얼마나 거짓 했나

채운 것이 다가 아니고
양복에 구두 망태기 대신 가죽 가방
이것도 거짓이기에 다가 아니다
고무신에 망태기 철 따라 꽃 피는 곳

고향의 소리들이 거짓이었나

하늘 한 번 못 보고 흙 묻히지 못하는 곳
타향에서 늙은 몸이 내 것이 무엇인가
거짓 삶에 늙은 몸 고향 냇가에 발 담그고
흙 묻힌 손 털며 하늘 보니 어떠한가
바라보는 저 앞산은 누가 묻힐 곳이고

다 버리고 떠나야 할 타향에서 늙은 몸
타향살이의 거짓을 어떻게 감춰 왔나
채웠어도 비웠어도 나의 것이 아님을
세월의 거짓에 얼마나 울고 며칠을 웃었나
마지막의 고향 타향에서 눈감는다

메뚜기의 슬픔

어머니 따라 벼이삭 주우러 가면

수수 밭 지나는 길 수수목이 높았는데

사그락 사그락 잎 비벼지는 소리

그때에 그 소리 왜 못 들었는지

목화송이 탐스런히 징검다리 딛는 길

빈 소쿠리 땅에 끌려 어머니가 받아들고

옥양목 앞치마에 맘마 줍는 우리 엄마

논두렁에 앉은 나 어머니 기다렸지

가을 동산

고향 동산에 오르면
먹을 것이 많았는데
쐐기에 쏘여도
개암 따 입에 물면
고소한 그 맛에
아픈 줄 몰랐고

내려오다 알암 주워
주머니마다 채우면
담 넘어온 감나무의
홍시가 유혹했지

여러 번 돌팔매에
떨어진 빨간 홍시
그 홍시의 맛을 어찌 잊을까
숨겨온 돌팔매질에
양심 속인 뉘우침
그 집 항아리 누가 깨었나

가을 동요

파란 하늘 하늘 높이
새털구름 흐르면
수수밭 위 하늘도
그 하늘이었고

메뚜기 뛰어노는
들녘의 하늘도
새털구름 흐르는
그 하늘이었다

앞산 단풍 때때옷
언니 엄마 마중 가면
목화밭 하늘도 그 하늘이었고
우리 초가 둥근 박도 그 하늘이었다

고향 고개

이 몸이 오른 흔적
모두 지워졌겠지
칡넝쿨에 얽힌 시간
거미줄에 걸치고
싸리 꽃에 묻은 꿈
하늘에 올릴 무렵
노을은 왜 그리 짙어만 갔는지

멀리 볼 수 있었고
높이 볼 수 있던 고개
그 삭풍은 또 누구를 울렸나
봄날도 거짓이었고
뭉게구름의 여름도
다 거짓이었다
이 가을 싸리 꽃에 그날을 묻는다

기억의 일기

수많은 날의 길고 짧았던 시간
나 여기에 오기까지 무엇을 얻었나
누가 알지 못하는 혼자만의 기억이기에
못 꺼냈던 기억마다 가을 하늘에 올린다

얻고 잃음에 잊어야 했던 기억들
버리고 담아놓을 못 잊을 기억들
무엇을 버리고 어느 것을 잊을까
이 가을 조용히 그 세월을 읽는다

추석 반달

장독대 초사흘은
기다림이 멀었는데
지붕 위 반달은
그 장날이 가까웠다

내 고무신 문수가
몇 문이라 했었지
이발소 아저씨
어느 머리로 깎아줄까

때때옷 그림에
신바람 난 심부름
검둥개 누렁이 소
쇠죽솥 바라본다

추석 날

저것들이 다 어서 생겨났나
모두 모이니 대견도 하구나
할미 찾는 손주 놈에 싫다 우는 놈
큰 손주 놈 냄새난다 지 에미만 찾는 놈
이놈들아 너희들 다 어서 생겨났니
여러 형제 칠 남매 그 속에서 또 생기니
차례상 앞마루가 모자라는구나

남의 집에 보낸 년덜 잘하고 잘 사는지
이 에미 흉잡힐 짓은 하지 말아야 하는데
저의 시댁 식구 잘 챙기고 눈에 날 짓은 안 하는지
내일이면 그것들도 나 보러 오겠지
못 가르쳐 보낸 아이 사위한테 미안하고
사돈어른은 안녕하신지 잘 가르쳐야 하는데
이제나 저제나 딸년덜 걱정이 되는구나

그래도 둘째 년은 여우같아 이쁜 짓을 하는데
부족했던 날에 일 부려먹은 큰 딸년은
미련 곰투뱅이 같아 뒤퉁맞은 데가 있지
일 하나만큼은 누가 따라올 사람이 없고
가르친 바느질 얼마나 잘 하나
반찬 하며 들 걷이 그만하면 됐는데

요령이 없고 고집만 피우는 년을 누가 좋아하겠나

그래 근심 걱정 다 접어두니 세월만 서럽구나
너희 길러 보내기까지 너희들도 그렇게 길러보려무나
아직은 이르다 조금 더 있어 봐야 알지
한글을 모르니 글로는 쓸 수 없고
내가 한글 알아 글로 쓴다면 백 권의 책을 썼을텐데
그 세월을 다 어떻게 말로 다 할까
차장했던 여우 년이 보고 싶구나

이슬

밤이어야

생기는 어두운 탄생

별빛에 묻는 길

달빛이 밝혀준다

추석의 마루

안개에 가린 앞산
개울 건너 들녘도
보이지 않는다
차례상 물려놓고
옛 생각에 젖는 산
그 볏짐 지던 들녘
다시 보고 싶다
이 안개 걷히면
다 볼 수 있겠지

음지의 찬바람 그날들인가
저 산 오르내리기를
들녘은 그렇게
안 그렇겠나
주워 담은 그 시간
잃어버린 욕심
목숨에 쇠줄 묶여
끌려온 세월인가
마루 끝 회상에 넋이 나간다

외로운 들길

쓸어안은 옛날
사랑은 그렇게
멀리 있어야 하나요
물드는 가을 길 우리 소중했던 날
그날은 멀어도 잊지 않았겠지요

흐려진 노을처럼
우리의 그날도 흐려진 것은 아닌지요
다가가 그 노을 다시 물들인다면
멀어진 그날도 가까워지겠지요
그러면 그 걷던 길 다시 놓이고요

가을 역

누가 어디서 어디로 가는지
기차만이 아는 사연
기적 소리 쓸쓸하고
곧은길 같아도
멀리 보면 돌아간다

지나는 들녘 지나친 코스모스
지나간 자리 참새 떼 날고
눕다 일어선 코스모스 한들댄다
보이는 것 묻어두고 달리는 기차
기찻길도 가다 보면 굽어야 하는지

굴 안에 들어서면 어두워야 하는
한낮에 밤과 낮이 있어야 하는 길
갈래 길에 언덕도 더러는 있으련만
투정 없이 사연 싣고 달리는 기차
누구의 어느 인생이 이 기차와 다를까

옷고름

내 매던 이 옷고름
누가 처음 풀을까
처음 풀릴 옷고름
이 운명에 동여매고
아침 가마에 오르니
놋요강에 달이 뜬다

가마꾼 쉬어가자
내려놓고 하는 말
들려오는 가까운 말
멀어지니 눈물 난다
빠끔히 가마 문밖
한낮에도 어둡구나

가을 바다

몇 년 전 여기에 다녀갔던 날
다른 것은 다 그대로 있는데
바위 옆 소라 흰 조개껍데기는
그 약속 따라갔나 보이지 않는다

다음에 줍자던 소라 흰 조개껍데기
주웠으면 오늘 이 자리에 놓을 수 있었을까
접어 올린 옷소매에 스며드는 영상
파도 소리 쓸쓸히 그날을 지운다

주막의 가을

그 덥다던 여름 지나니 서늘하구나
불어오는 바람 쓸쓸하기도 하고
찾아올 서릿발이 며칠이나 남았나
발 끊긴 오고 간 이 가을걷이에 바쁘겠지
며칠이 되어도 보던 사람이 안 보이니
단풍 들어 지고나면 그때나 올려나

참 팔자도 더럽지 뭐 이런 팔자가 있다더냐
십수 년 여러 해 들렀던 사람들
내 앞 냇가 버드나무 춤 띄울 때
누가 보쌈이라도 해갔으면 팔자가 필건데
그도 저도 다 보낸 세월 몸뚱이만 시렵구나
없는 죄로 끌려온 집 나도 고생 많이 했지 아이 없다 소박맞고

그 집 나와 눌러 앉은 이 자리에 내 팔자가 몇 년인가
새로 들어온 년은 아이 낳고 잘 살고 있다는데
나는 여기서 무엇을 하고 있나 얼마나 산다고
암 그렇지 그렇게 해야지
나 하나에 손 끊기면 뭐 좋은 꼴이 있겠나
다 내 욕심에 푸념이지

늦서방도 틀렸고 서너 해 전 다녀간 그이

소식이 끊기니 한 번쯤 다녀가면 무엇이 덧나나
야속한 내 팔자 이제 그도 멀어지는구나
정이 무엇인지 이제까지 다녀간 사람들
몇 사람은 이 기억에 남아 있는데 찾아온다더니
깜깜무소식 무엇이라도 잘못됐나

넋두리에 하소연 그 말 들던 이
그 팔자나 내 팔자나 같았었는데
그 사람이나 나나 더 늙으면 그만인 것을
나 죽은 다음 찾아오면 이 자리가 있을까
겨울이 오기 전 나도 빨리 갔으면
넋두리의 그 사람들 보고 싶구나

달아

덧없어라 가는 세월
들어찬 저 달이
그대로 있을 줄 알았는데
하룻밤 사이 세월이 떼내더라

시간이 덮는 눈꺼풀 어떻게 알았나
떼낸 달 점 찾으려 마루 끝에 앉으니
달 점 여기에 있다 수수 밭에서 울고
서러워 우는 달 점 수수 잎이 비비더라

구름에 숨어도 찾아낸 세월
내일이면 얼마쯤 더 떼어내려나
높은 별은 사다리 없어 못 떼어냈는지
마음이 그 시절 색동옷 입히더라

허공의 가을

징검다리 위 가을 하늘
새털구름 흐르고
줄 긋는 사연
자취를 감춘다

감춰도 남은 줄
얼마쯤 머무를까
사연의 파란 하늘
그은 줄 흐려진다

버리고 뿌려진
마지막 사연일까
지우고 찢어야 할
그날의 미련일까

긋는 소리 조용히
산 너머 멀어지고
그은 줄 흩어져
허공에 숨는다

그믐의 섬

사람만이

섣달이니 정월이 있는건가

바위섬은 그렇게 변함이 없다

백 년도 휩쓸려 하루해에 들어 있고

그 천 년 부딪쳐 물거품이 되지 않나

끝 달의 그믐도 초하루의 첫 달도

바위섬에 부딪쳐 모두가 부서진다